高貴な和の伝統刺繡
やさしい絽ざしの
ことはじめ

花と絽ざし　黒川直子

日本文芸社

王朝人に愛された伝統の手刺繡

「絽刺し」ということばをはじめて聞く、という方もいるかもしれません。
絽刺しは、飛鳥奈良時代から伝わるといわれる
歴史ある日本の伝統刺繡。
奈良時代、東大寺に絽刺しが献上されたとも伝えられています。
江戸時代には京都の公家から江戸に伝わり、
その雅な風情は、大奥の女性たちにもたいへん愛されました。
絽刺しでは、絽という日本独自の織物を、つややかな絹糸で垂直に刺し埋めて
さまざまな模様を織りなします。

いにしえの人々が吉祥や魔よけの意味を込めた伝統文様や
花鳥風月をはじめとする美しい図案を
少しずつ時間をかけて浮かび上がらせていく。
そこにはなんともいえない贅沢な時間があります。
この本では、絽刺しをもっと身近に、自由に楽しんでいただきたいと
暮らしに彩りをそえる、小さな雑貨を仕立てました。
特別な道具や技術はなにも必要ありません。
ひと針ひと針心を込めて、姫君たちの時間に思いをはせてみませんか。

contents

王朝人に愛された
伝統の手刺繡　2

SHIMA
縞　　a ····· 6/58
　　　b ····· 6/58

YAMAJI
山路　a ····· 8/59
　　　b ····· 8/59

UROKO
鱗　　a ····· 10/60
　　　b ····· 10/60
　　　c ····· 11/61

AJIRO
網代　　 ····· 13/61

NAGARE
流れ　a ····· 14/62
　　　b ····· 14/62

MATSUKAWABISHI
松皮菱　 ····· 16/63

KANOKO
鹿の子 a ····· 18/63
　　　b ····· 18/64
　　　c ····· 18/64

TATEWAKU
立涌　　 ····· 20/65

KIKKOU
亀甲　　 ····· 22/67

SHIPPOU
七宝　　 ····· 23/68

ICHIMATSU
市松　a ····· 24/65
　　　b ····· 24/66

FUNDO-TSUNAGI
分銅つなぎ ··· 25/70

ASANOHA
麻の葉　‥‥ 26 / 69

DAIYA
ダイヤ　a ‥‥ 28 / 70
　　　　b ‥‥ 28 / 71

HIGAKI
檜垣　‥‥ 30 / 71

SEIGAIHA
青海波 a ‥‥ 31 / 72
　　　 b ‥‥ 31 / 73

SAYA
紗綾　‥‥ 34 / 74

BISHAMON-KIKKOU
毘沙門亀甲　‥‥ 35 / 75

EARRING	夕月夜 ‥‥‥‥‥	7 / 76
COLLAR	春霞 ‥‥‥‥‥	9 / 76
OBIDOME	曲水 ‥‥‥‥‥	12 / 78
BROOCH	歌あわせ ‥‥‥‥	15 / 79
HAT RIBBON	遠つ人 ‥‥‥‥	17 / 80
CHARM	貝あわせ ‥‥‥‥	19 / 81
MIRROR	胡蝶 ‥‥‥‥‥	21 / 82
COMB CASE	みづら ‥‥‥‥	21 / 82
SACHET	聞香 ‥‥‥‥‥	27 / 84
EARRING	舞姫 ‥‥‥‥‥	29 / 85
STOLE	早乙女 ‥‥‥‥	32 / 86
PIN BROOCH	若菜摘み ‥‥‥‥	33 / 87
BOX	花喰鳥 ‥‥‥‥	38 / 89
PETITE CASE	瑠璃、玻璃、瑪瑙	39 / 91
GAMAGUCHI	金平糖 ‥‥‥‥	40 / 92
BOOK COVER	草の袂 ‥‥‥‥	41 / 93
FLAME	花鹿 ‥‥‥‥‥	42 / 94

Have a fun!
いろいろな糸で
刺してみましょう　　36 / 90

How to make
道具	44
材料	45
絽のはりかた	46
絽刺し糸のあつかいかた	47
絽刺しの基本	48
刺しはじめと刺しおわり	49
糸の刺しかた	50
5つの基本の刺しかた	51
数刺し「流れ」を刺してみる	52
模様刺し「椿」を刺してみる	54
仕上げ 裏打ち	56
仕上げ アップリケ	57

絽刺しの材料が購入できる店
本書で紹介している絽刺しの材料はおもにこちらの店で取り扱っています。

株式会社 越前屋（営業時間：10〜18時、定休日：日曜、祝日）
〒104-0031 東京都中央区京橋1-1-6
TEL ： 03-3281-4911（代表）
FAX ： 03-3271-4476
URL ： https://www.echizen-ya.co.jp/

＊購入はネットショップ、電話、FAX、メールでの問い合わせも受けつけます
＊絽刺し糸はオリジナルの染め糸が多いため、
　在庫は店舗にお問い合わせください

JR東京駅八重洲口から徒歩5分、1865年創業の手芸用品の専門店です。特製絽刺し糸は単色で約250色、特製錦糸は約70色、金糸等の糸はもちろん、絽布、枠、針など絽刺しに必要な道具がそろうお店です。

SHIMA
縞

How to Make p.58

a   b

江戸時代、粋な柄として大流行したという縞文様。
色合わせや縞の幅で表情がかわります。絽刺しの
入門としても、とり組みやすい文様です。

EARRING

夕月夜

How to Make p.76

「縞a」を白と黒のモノトーンで刺し、コットンパールと組み合わせてモダンなイヤリングに。ストライプに仕立てたのもポイント。

YAMAJI
山路

How to Make p.59

a

b

縞模様の一種で、山を並べたようなモダンで力強い文様です。山道とも呼ばれていました。aとbでひと山の大きさが異なります。

COLLAR
春霞

How to Make p.76

「山路b」をあしらったつけえりです。2種類の白糸を使い、霞が立ちこめるように、さりげなく模様が浮かびあがります。ドレスアップのおともに。

UROKO

鱗

How to Make p.60,61

a

b

c

魚のうろこのように三角形が連なって色が入れかわり
ます。魔よけの意味を込めて使われてきた文様です。
能の演目「道明寺」では清姫の装束に使われています。

OBIDOME
曲水

How to Make p.78

「鱗b」(p.10)、「鱗a」(p.10)、「鱗c」(p.11) 文様の帯留。シンプルな連続模様だからこそ、絹糸のつややかな質感が上品に映えます。

AJIRO

網代

How to Make p.61

網代とは竹や木の皮を編んで網のかわりにしたもの。
モダンな幾何学模様は着物の地紋として愛されてき
ました。

NAGARE
流れ

How to Make p.62

b

a

優雅な水の流れを意匠化した代表的な伝統文様で、絽刺しでもよく用いられます。模様自体に動きがあるので、同系色や単色で刺しても素敵。

BROOCH
歌あわせ

How to Make p.79

おめでたい吉祥文様や魔よけの意味もある文様を、
お守りみたいなブローチに。手のひらサイズなので、
つくりやすく小さな贈りものにもぴったりです。

MATSUKAWABISHI

松皮菱

How to Make p.63

大小のひし形を並べた、変形のひし形文様。松の樹皮に似ていることから、その名がついたとも。公家の装束や、家紋として武家にも好まれました。

HAT RIBBON
遠つ人

How to Make p.80

「松皮菱」(p.16) の文様から漆黒の夜に浮かび上がる森の木々のシルエットをイメージした、シックなハットリボン。モロカン柄にも似ています。

KANOKO
鹿の子

How to Make p.63,64

b

a

c

鹿の背中にある斑点に似ていることが由来。小さな連続模様がかわいらしく、女の子にぴったりの鹿の子絞りでもよく知られています。

CHARM
貝あわせ

How to Make p.81

A

B

C

高貴な女性の遊びだった貝あわせ。「鹿の子a」(p.18)、「立涌」(p.20)、「鹿の子b」(p.18)で貝殻をくるみ、すぐにできる根つけ風のチャームに。

TATEWAKU

立涌

How to Make p.65

公家の調度などに用いられてきた高貴な文様のひとつ。ここでは曲線の中に花をあしらいました。ピンクなどやさしい色合わせが似合います。

MIRROR
胡蝶

How to Make p.82

COMB CASE
みづら

How to Make p.82

その優美な姿に古くから愛でられ、さまざまな文様のモチーフにされてきた蝶。手のひらにそっと収まる、小さな鏡にとじこめて。

万葉集にも詠まれたつげ櫛を収める櫛入れ。「立涌」(p.20)文様をやわらかな色合わせで刺した、おでかけに忍ばせたいひと品。

KIKKOU

亀甲

How to Make p.67

古くは奈良時代、正倉院の文物にも使われていた
文様です。吉祥文としても有名なので、お祝いの
贈りものにあしらうのもおすすめ。

SHIPPOU
七宝

How to Make p.68

七宝とは瑠璃や瑪瑙など7つの宝物のこと。ここでは貴石をイメージして色彩豊かに仕上げましたが、2色でもモダンな雰囲気が出ます。

ICHIMATSU

市松

How to Make p.65,66

a

b

石畳とも呼ばれます。江戸時代に大人気になった歌舞伎役者から、今の市松の名がついたそう。シャープな配色が似合います。

FUNDO-TSUNAGI

分銅つなぎ

How to Make p.70

分銅の形をあらわしたもの。かつては金や銀がこの形に鋳造されたことから、縁起のよい吉祥柄としても知られています。

ASANOHA
麻の葉

How to Make p.69

麻の葉に似ていることからこの名に。麻には魔よけの意味があるそう。真っ直ぐに伸びることから、子どもの産着に使う習わしも。

SACHET
聞香

How to Make p.84

A

B

C

「山路a」(p.8)、「麻の葉」(p.26)、「網代」(p.13)
をペールトーンの色合わせで刺して、香袋を今風
のサシェに。お気に入りの香りを身に着けて。

DAIYA
ダイヤ

How to Make p.70,71

a

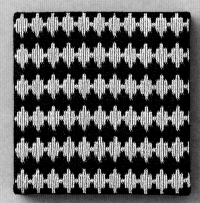

土器にも見られるほどなじみ深い、ひし形をシンプルにつないで。色の組み合わせで模様の印象がかわります。

b

EARRING
舞姫

How to Make p.85

A

B

「ダイヤb」(p.28)を思いっきりビビッドな色合わせでモダンに。タッセルや羽根など、大きめのチャームが耳元で揺れるデザインの片耳イヤリングです。

HIGAKI

檜垣

How to Make p.71

ひのきで組んだ垣根に見えることから名がついた伝統文様で、能にも物悲しい物語りとして、その名が見えます。染めものの定番柄でもあります。

SEIGAIHA
青海波

How to Make p.72,73

a

b

穏やかな波文様に平安な暮らしへの願いが込められています。源氏物語では、この名の曲を、源氏と頭中将が美しく舞います。

STOLE
早乙女

How to Make p.86

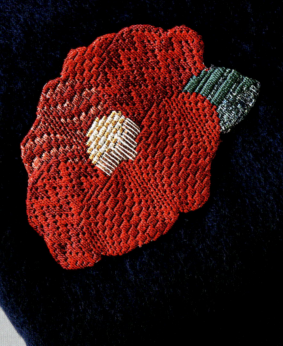

春を告げる神木とされてきた椿。美しく華やかな花姿は絽刺しの図案にもぴったりです。花びらは「流れ」(p.14)、「山路a」(p.8) で表情を出して。

PIN BROOCH
若菜摘み

How to Make p.87

公達たちが早春の野に遊んだ若菜摘み。洋花もとり合わせて、かわいらしいブローチに。重ねづけしても素敵です。

SAYA

紗綾

How to Make p.74

もとは中国から伝わった、華やかな絹織物の模様だったそう。文様が永遠に続いていくことから縁起がよいとされ、卍崩しともいわれる個性的な柄です。

BISHAMON-KIKKOU

毘沙門亀甲

How to Make p.75

日本では古くから信仰されてきた、毘沙門天の甲冑に使われていることから名がつきました。3つの亀甲を組み合わせ、とても気高い文様だそう。

Have a fun!
いろいろな糸で
刺してみましょう

How to Make p.90

| にしきいと |

光沢感のある手刺しゅう用のラメ糸です。落ち着いた色調のラメが多いので、ふだんづかいの絽刺しにも。

| 手縫いステッチ糸 |

シルクのような上品な光沢をもつ太めの手縫い糸。色あせしにくいポリエステル糸なので、ふだんづかいの作品向けです。

実はどんな糸でも絽刺しは楽しめるんです。
「鱗c」(p.11) の図案をさまざまな糸で刺してみました。
それぞれの糸の風合いを見てみましょう。

| 刺し子糸 |

6本または8本の細い綿糸がより合わされた糸。光沢がない分、素朴な風合いに仕上がります。細い刺し子糸のほうが絽に刺しやすいでしょう。

| 8番刺繍糸 |

8番糸は少し太めの刺繍糸で、綿製ながら自然な光沢感が出ます。比較的手に入りやすいのもうれしい。

BOX
花喰鳥

How to Make p.89

アナトリア、ペルシア風のエキゾチックな花鳥文様を
絽刺しにアレンジして伝統の桐箱に。青い鳥が運んで
くるささやかな幸せを、ひとつひとつ大切にしまって。

PETITE CASE

瑠璃、玻璃、瑪瑙

How to Make p.91

A　　　B　　　C

「檜垣」(p.30)、「青海波b」(p.31)、「分銅つなぎ」(p.25)の小物入れ。瑠璃など七宝をイメージした小さな宝物たち。

GAMAGUCHI
金平糖

How to Make p.92

ビザンティンで生まれて、ヨーロッパに伝わり、フランス宮廷で愛された重厚なダマスク織りをヒントに、クラシックながま口を仕立てました。

BOOK COVER
草の袂

How to Make p.93

「七宝」(p.23)をあしらった文庫サイズのブックカバーです。秋が深まっていく野はらをイメージした落ち着いた色合い。読書の時間をやさしく包んで。

FLAME

花鹿

How to Make p.94

正倉院の宝物にあらわされた、上品な天平文様の鹿をモチーフに、模様刺しでインテリアフレームを仕上げました。色合いは好みでアレンジしても。

How to make

絽ざしの刺しかたと図案
雑貨のつくりかた

＊特に指定のない糸の番号は、「越前屋 特製 絽刺し糸」の
　色番号です
＊図案ページ（p.58〜75）の図案内にある矢印と数字は、
　刺し順の目安です

針
糸が通しやすいよう、針穴が丸く大きめなのが絽刺し針です。手に入りやすいメリケン針の五番など、絽刺し糸が通る針ならどの針でもかまいません。

はさみ
絽刺し糸を切ったり、絽を切ったりするときに使います。先のとがった小さめの手芸用はさみがおすすめです。

水のり
枠に絽をはる際に使います。市販の水のりでOKです。

枠
作業中に絽をはっておくための枠。木製の枠が各種サイズ市販されていますが、ボール紙などで手づくりできます (p.46)。

Materials 材料

絽刺し糸
定番の色糸

錦糸
色糸と金や銀の糸を
合わせたラメ糸

一掛三ツ子より
金や銀の糸

絽
(せいけん)
生絹とよばれる絹の原糸を織った布です。たて糸はよられた糸が使われており、パリッとはりのある質感です。約63cm幅の布で売られています。

絹糸
左よりの絹糸で、絽刺し専用の絽刺し糸がつくられています。一般的な色合いのものから、華やかな金糸、銀糸、ラメ糸もそろいます。1本どりで使います。本書では主に手芸用品の越前屋(p.5)で購入できる、絽刺し糸、錦糸、一掛三ツ子よりの糸を使いました。

三ツ子よりの糸
3本よりの糸なので使う際に糸端をのりでおさえておくと、針に通しやすくなります。

絽のはりかた

絽刺しをはじめる前に、絽を木製の枠にはりましょう。枠に絽をピンとはることで作業しやすくなります。枠は厚手の紙で手づくり可能です。

1 作品のサイズよりひとまわり大きい枠を用意し、枠の内側より周囲が1〜2cm大きくなるように絽をカットする。

2 枠の裏側にのりをつける。

3 絽がゆるまないように、左右の端を軽く引きながら枠にのせ、絽を枠にはる。

Point 絽の布目が枠に対してまっすぐになるように貼るとよい。

4 絽が少しゆるんだときは、きりふきを軽くふきつける。

5 のりがしっかり乾いて、絽がピンとはったら準備完了。

6 表に返して使う。

枠は紙で手づくりしても
ボール紙や段ボールなど厚手の紙を用意する。作品のサイズに合わせて、カッターなどで3cm幅程度の四角い枠にカットする。

絽刺し糸の あつかいかた

新しい糸をおろすときは、糸束をカットして使いやすい長さにしておくと便利です。

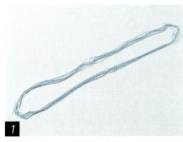

1 ついているタグをはずし、糸束を広げて大きな輪の状態にする。

2 糸束を束ねている糸のすぐ近くをはさみでカットする。糸束の反対側のわも同様に切ったら1本に束ねる。

3 糸束を二つ折りにする。

4 紙(ここでは15×7cm)を用意し、**3**の糸束をのせ、紙を折って糸束をくるむ。

使用する際は、こちら側から1本ずつ引き抜くと絡まない

5 紙をテープでとめる。

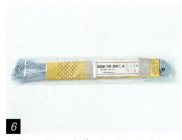

6 保管する際は、1束ずつ袋に入れ、退色しないよう日のあたらない場所で保管。紙に色番号のラベルをはっておくと、買い足すときに便利。

絽刺しの基本

絽の布目のたてと横それぞれの目数を数えながら、図案にならって1目ずつ刺し埋めていきます。とくに数刺しの場合、位置を間違えると模様が乱れてしまうので注意を。はじめは数刺しから練習しましょう。

絽刺しの種類

数刺し
絽の目を数えながら、図案と同じように刺す技法。伝統模様に多い。(詳しくはp.52)

模様刺し
花や生き物などの下絵のりんかくに合わせて、自由に刺し埋める技法。(詳しくはp.54)

数刺しの図案(p.58〜)の見かた　図案のマスと絽の目が対応しています

絽の向き
絽は織り目が横じまに見える方向が横になります。

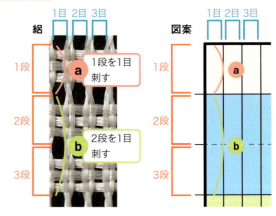

枠は刺しやすい向きで持ってOK

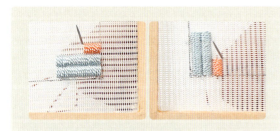

刺すときは、刺す方向を間違わなければ、枠を回転させて自分が刺しやすい向きにしてかまいません。また、絽に対して垂直に針を入れるようにしましょう。

模様刺しで使う「乱刺し」とは

「乱刺し」は、模様刺しの模様を再現する際、ひろう段数をランダムにして模様に動きを出す技法です。がま口(p.92)で使用しています。

刺しはじめと刺しおわり

一般的な縫いものとは異なり、絽刺しでは玉結びをせずに糸端の処理をします。
刺しはじめと刺しおわりのそれぞれの方法を紹介します。

刺しはじめ

1
針に糸を1本通し、短いほうの糸端に針先を入れて糸の間を割る。糸の長いほうを引くと針に糸が固定される。

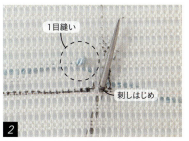
2
刺しはじめの近くで、裏から針を出し入れして小さく1目縫い目をつくる。糸端は1〜2cm残しておく。玉結びはしない。

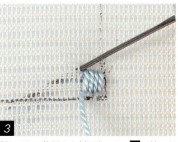
3
刺しはじめ位置から刺し進める。2の縫い目の上も刺し進め、縫い目を隠す。

刺しおわり

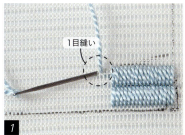
1
刺しおわりか、または、糸の残りが針1本分程度の長さになったら、刺しはじめと同様、近くに小さな縫い目をつくり、裏に出す。

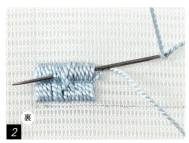
2
絽を裏にし、渡し糸に針を入れ、糸を引く。

3
余分な糸端をはさみで切る。玉結びはしない。

糸の刺しかた

糸目は絽に対してたて方向にそろえて。それさえ守れば、どう刺し進めるかは自由に決めてかまいません。最初に刺しやすい方向を考えて、あとは図案に合わせて、上下・左右やりやすい向き、順に進めてみましょう。

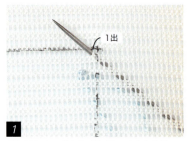

1
刺しはじめの位置と刺し進める方向を決め、絽の裏から針を出す。

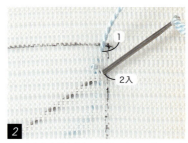

2
そのまま糸を引き出し、刺しはじめの真下にある目（または真上にある目）に針を入れ、糸を引く。これで1目分。

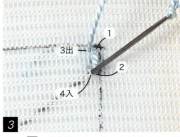

3
2目は **1** のすぐ隣の目に裏から針を出し、再び真下の目（**2** のすぐ隣）に針を入れる。このように絽の目に糸を巻くように刺し進める。

横に針を入れない
絽刺しは必ずたて方向に針を出し入れします。横方向に針を入れることはありません。

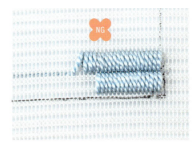

斜めに針を入れない
絽の目は細かいので、慣れないうちは目を飛ばしてしまい斜めに針を入れてしまうことも。目立つので気をつけましょう。

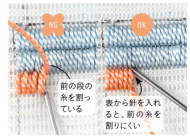

前段の糸を割らない
刺し進めるとひとつの目に2回針を入れることになります。2回めに針を入れる際に、前の糸を割らないように注意しましょう。

5つの基本の刺しかた

絽目の段から段へ糸を渡して刺し進めるのが基本。横並びに刺すか、段をずらしながら刺すかで、模様の出かたがかわります。5種類の基本の刺しかたを名称とともに紹介します。

「1段刺し」
1段ずつ絽の目を糸で巻くように横に刺し進める。1段分の長さの縫い目が横に並ぶ。

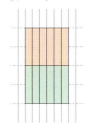

「2段刺し」
2段ずつ絽の目を糸で巻くように横に刺し進める。2段分の長さの縫い目が横に並ぶ。

「2段して1段戻り」
2段を1目刺し、次に1段戻って2段を刺す。これをくり返す。

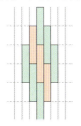

「2段を2回して1段戻り」
2段を2目刺し並べ、次に1段戻って2段を2目刺す。これをくり返す。

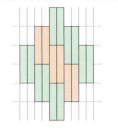

「2段を3回して1段戻り」
2段を3目刺し並べ、次に1段戻って2段を3目刺す。これをくり返す。

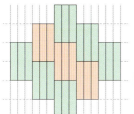

数刺し
「流れ」を刺してみる

図案と同じ目数を刺して模様にするのが「数刺し」です。「流れ」(p.62) の図案を例にして、数刺しの刺し進めかたを紹介します。

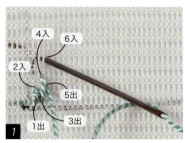

1 「流れ」の場合は左下の隅を刺しはじめとするとわかりやすい。1段刺しを1目、2段刺しを1目、1段上にずらして2段刺しを1目刺す。

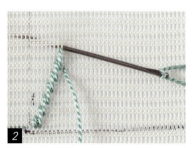

2 「2段して1段戻り」の要領で、1段ずつ上にずらしながら、さらに2段刺しを2目刺す。

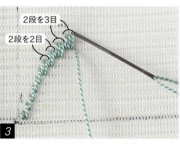

3 1段ずつ上にずらしながら、2段を2目、さらに2段を2目、次に2段を3目並べる。

4 1段上にずらし、2段を4目並べる。

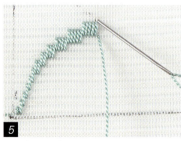

5 1段ずつ上にずらしながら、2段を5目並べ、次に2段を6目並べる。

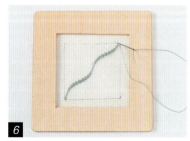

6 1〜5をくり返し、波状の形にする。

同じ色やモチーフが続かないときは
同色の糸を続けて使わないことも多い絽刺し。1か所ごとに糸処理をするのは大変です。赤い三角をひとつ刺したら針を休めて、隣のピンクを刺し、裏から赤糸を渡して次の三角を刺す……というようにするとスムーズ。また、赤、ピンクというように、色ごとに進めてもOKです。裏で渡した前の糸の上から重ねて刺してもかまいません。目を数えまちがわないように注意しましょう。

7 中心にくる部分を刺したところ。残った糸は裏で処理をしておくと続きが刺しやすい(p.49)。

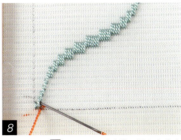

8 糸をかえて、**1**の2目めのすぐ隣の目から針を出し、1段刺す。

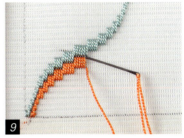

9 最初の模様に沿って、**1**〜**5**の要領で刺し進める。前の段と同じ目を通す際は、糸を割らないように気をつける(p.50)。

10 端まで刺したら、残った糸は裏で処理をする。

11 糸をかえながら、**1**〜**6**をくり返して絽を刺し埋める。目の数をしっかり数え、針は必ず垂直に入れる。

12 指定の範囲を刺し埋めたら、できあがり。

模様刺し
「椿」を刺してみる

花など好みの図案を用意し、絽に写して下絵にし、刺し埋めていくのが「模様刺し」です。ここでは「椿」(p.88)の図案を使用し、数刺しも組み合わせてみます。

1
下絵を準備する。

2
汚したくない下絵や、何度も使う場合は透明のクリアファイルなどに、はさんだり写して使用するとよい。

3
枠にはった絽(p.46)を下絵に重ね、下絵を写す。熱で消えるペンを使うと間違えたときや、はみ出た際、ドライヤーやアイロンの熱で消せる。

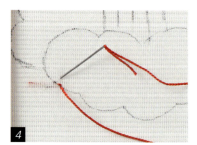

4
下の花びらを数刺しの「流れ」(p.62)で刺す。模様が出る位置をイメージして、刺しはじめの位置を決めるとよい。

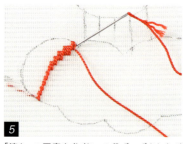

5
「流れ」の図案を参考に、1段ずつずらしながら、2段を6回、2段2目を2回、2段3目を1回、2段4目を1回刺す。上まできたら、下絵に合わせて段数を調整する。

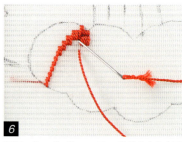

6
最初のカーブに沿って、次の模様を上から下に向かって、5 から戻るようにしながら刺し進める。

糸がねじれたら
絽に刺し進めていると、糸がねじれて刺しにくくなってきます。そんなときは、糸を垂らして。くるくると糸が回ってねじれが解消されます。

7
5〜6をくり返して、下絵の花びらを刺し埋める。残った糸は裏で処理をする(p.52)。

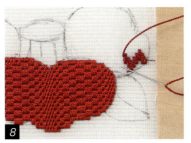

8
右側の花びらは「山路a」(p.59)を参考に、ジグザグになるように図案の端まで刺す。

9
糸をかえて、戻るようにしながら刺し埋める。これをくり返す。5〜8の要領で、残りの花びらも「流れ」と「山路a」で刺し埋める。

10
花芯の上面は、金と白の糸をランダムに1段刺しで刺し埋める。側面は茶と白のラメ糸を交互に、上端から下端まで1目で刺す。葉は1段刺しや2段刺し、2段を3回して1段戻りで刺し埋める。

11
できあがり。裏の余分な糸端は短く切る。

下絵線が隠れるところまで刺す

模様刺しをきれいに仕上げるには、縁を刺す際に下絵の線が隠れるところまで刺すこと。内側で止めてしまうと、形が欠けているように見える。

55

仕上げ
裏打ち

箱（p.89 BOX「花喰鳥」）やフレーム（p.94 FLAME「花鹿」）などに仕立てるときは、絽の布端と裏をきれいに始末しましょう。この裏打ちの手順を紹介します。

1 枠から絽をはがす。絽刺しの周囲2cmを残して余分な絽布を切ったら、角を写真のように切る。

2 1 を裏側に折り込み、アイロンで押さえる。

3 厚紙を絽刺しのサイズに切る。

4 絽刺しの裏側に 3 の厚紙を差し入れ、絽をピンとはりながら、両面テープでとめる。

5 和紙を絽刺しよりも1mmほど小さめサイズに切って、手芸用接着剤を薄くつけ、絽刺しの裏側に貼りつける。

6 できあがり。このまま額に入れて飾ったり、箱などにはったりして仕上げる。

仕上げ
アップリケ

バッグやストールなどの布ものにしたてるときは、絽の布端を始末してからアップリケをします。洗濯の頻度が少ないものがおすすめ。

1

枠から絽をはがす。

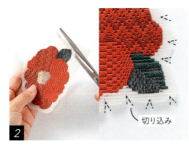

2

絽刺しの周囲0.5～1cmを残して余分な絽をカットし、絽刺し部分にはさみを入れないよう注意しながら、縫い代に切り込みを入れる。

3

縫い代を作品の裏側に折り込み、アイロンで押さえたら、表から見える縫い代部分をしっかりと折り込む。縫い代にほつれどめをつけておくとよい。

4

アップリケしたいものの縫いつけ位置を決め、3をまち針でとめる。

5

裏に返し、共色の絹手縫い糸で糸が表に出ないようにしながら、絽を縫いつける。

6

表に返し、共色の絹手縫い糸で絽刺しの周囲を細かくまつり縫いにする。

p.6
SHIMA
縞

a

材料
絽刺し糸
- ○ 白　97
- 水色　511
- からし　476
- 濃水色　528
- 青　593
- 薄水色　599

b

材料
絽刺し糸
- 濃赤　158
- 赤　135
- 朱　150
- 薄グレー　240
- 濃グレー　925
- 紫　649

錦糸
- ○ 白　1

「1段刺し」を横並びで刺し、次の段を「2段刺し」で刺し、これをくり返します。ここでは5色の糸を使っていますが、2色で刺してもスッキリとシンプルに仕上がります。

絽の目を2段ずつ刺す「2段刺し」をくり返し、段ごとに色をかえて、7色のグラデーションでしま模様にします。

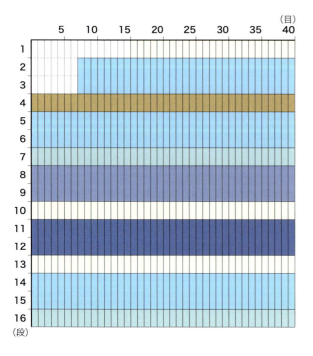

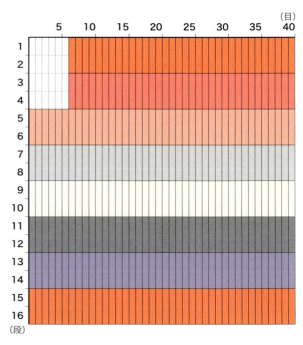

58

p.8

YAMAJI
山路

a

材料

絽刺し糸
- 赤 157

錦糸
- 赤 3

ソフト古代一掛三ツ子より
- 金 5

ソフト色金一掛三ツ子より
- さび 103

「3段を2回して1段戻り」を4回刺し、戻り刺しを2回刺して1山とします。この山形を図案のように繋げて連続模様にします。色をかえてくり返します。

b

材料

絽刺し糸
- グレー 925

錦糸
- 白 2
- 薄グレー 54

ソフト古代一掛三ツ子より
- 金 5

「4段を3回して1段戻り」を4回、戻り刺しを2回刺して1山とします。この山形を図案のように繋げて連続模様にします。色をかえ「3段を3回して1段戻り」を同じ要領で刺します。

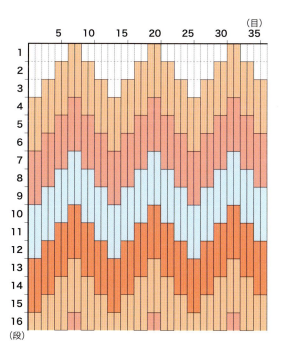

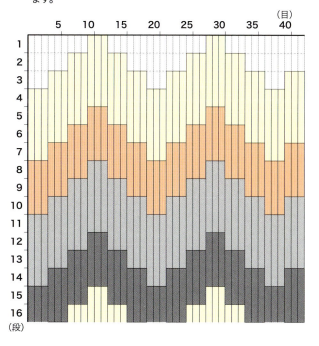

p.10,11

UROKO
鱗

a

材料

絽刺し糸
- 黄色　359
- 山吹　360

錦糸
- 薄黄色　32
- 水色　43

4段、3段、2段、1段と各2目ずつ刺します。これをくり返して端まで刺したら、色をかえて残りの三角形部分を「1段刺し」で埋めます。これを4段ごとにくり返します。

b

材料

絽刺し糸
- ピンク　152
- 深緑　423
- 緑　401
- 薄茶　247

1段、2段、3段、2段、1段と各2目ずつ刺し、これをくり返して山形にします。糸をかえてとなり合う三角形を埋めながら進めても、同じ色の部分をななめに進めてもOK。

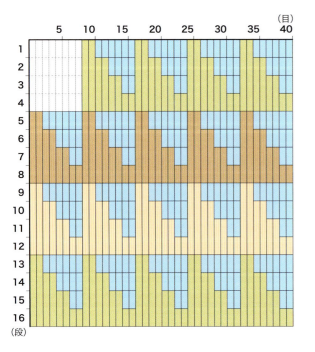

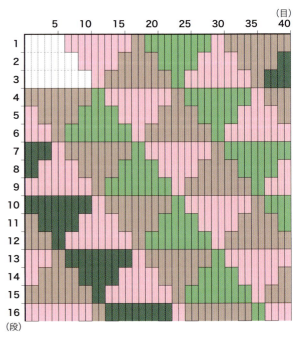

p.13
AJIRO
網代

c

材料

絽刺し糸
- ピンク 145
- 赤 735

ソフト五色一掛三ツ子より
- オパールピンク

材料

絽刺し糸
- 赤茶 162
- ピンク 152

錦糸
- 若草 20
- 薄黄緑 26

1段、2段、3段、4段、5段と各1目ずつ刺し、4目戻り刺し、1目空けながら三角形を並べます。反対の三角形部分も同様に埋めます。これを5段ごとにくり返します。

「2段して1段戻り」（p.51）の要領で、①〜④の順にひし形のりんかくを刺し、そのあと⑤⑥のななめのラインを刺します。残りの部分は「1段刺し」で刺し埋めます。

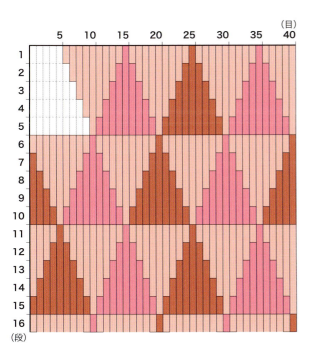

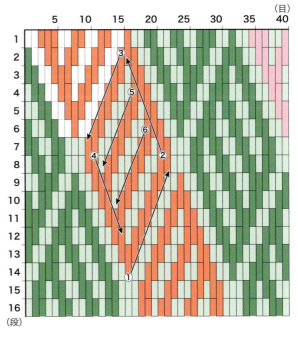

p.14

NAGARE
流れ

a

材料
絽刺し糸
○ 薄グレー　923
ソフト銀一掛三ツ子より
● 銀

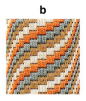
b

絽刺し糸
● オレンジ　133
● 水色　599
ソフト金一掛三ツ子より
● T5
ソフト五色一掛三ツ子より
○ オパール白

詳しい刺し順を52ページで紹介しています。**a**は**b**と同じ図案を使い、薄グレーと銀の糸が交互になるように刺しています。

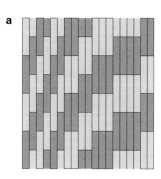

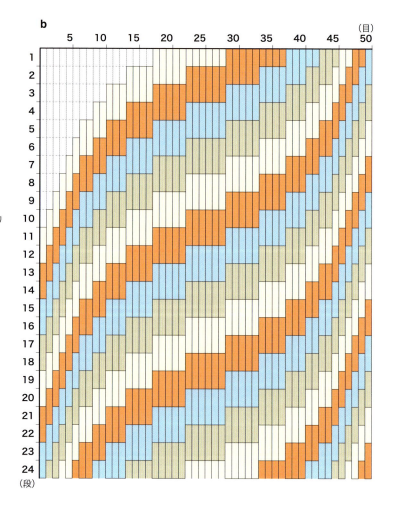

62

p.16
MATSUKAWABISHI
松皮菱

材料

絽刺し糸
- オレンジ　297
- 空色　557
- 薄水色　577
- 薄茶　213
- 茶　647
- 赤茶　162

錦糸
- 玉虫色　68

「2段して1段戻り」(p.51)の要領で、ひし形の連続模様を刺します。残りの部分は色をかえ、「2段して1段戻り」で刺し埋めます。

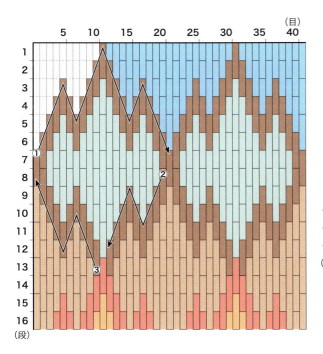

p.18
KANOKO
鹿の子

材料

絽刺し糸
- 深緑　417
- 緑　401
- ピンク　152
- 薄ピンク　750

すべて「1段刺し」で、図案のように色をかえながら刺し埋めます。カッチリとした図案なので、同じ色の部分から仕上げていく場合は、目を数え間違えないようにしましょう。

63

p.18

KANOKO
鹿の子

b

材料
絽刺し糸
- 赤　158
- 朱　150
- ミント　487

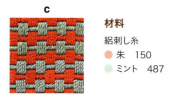
c

材料
絽刺し糸
- 朱　150
- ミント　487

すべて「1段刺し」で、図案のように赤と朱の部分を刺してから、残りを刺し埋めるようにしましょう。赤と朱の模様は、たて1列ごとに2段ずつずらしています。

「1段刺し」を5目、「3段刺し」を5目、と交互に端まで刺します。糸をかえ、模様を反転させて同様に刺しましょう。

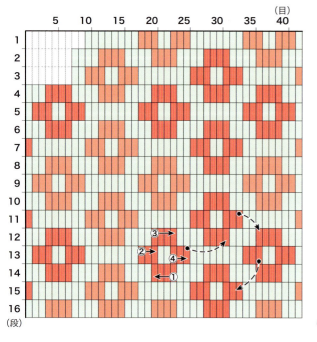
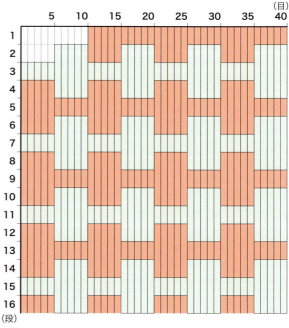

p.20
TATEWAKU
立涌

材料

絽刺し糸
- 薄ピンク 028
- 乾鮭色 162

錦糸
- 黄緑 28
- ピンク 5

「1段刺し」を2目並べ、それを1目ずつずらしながら図案のようにひし形が続く模様にします。ひし形の中央に「2段を2回」を小花のように並べ、残りは「1段刺し」で刺し埋めます。

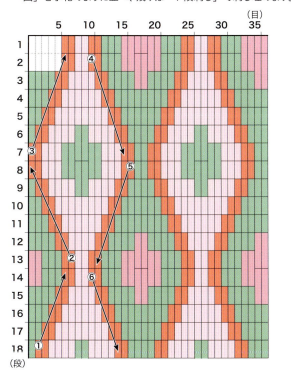

p.24
ICHIMATSU
市松

a

材料

絽刺し糸
- 青 528
- 紺 559

横12目、たて5段の四角形をひとつとし、5段刺しを2目、「1段刺し、3段刺し、1段刺し」を2目、「2段刺し、1段刺し、2段刺し」を2目並べ、戻り刺しして埋めます。この四角形を市松に刺し、残りを「1段刺し」で埋めます。

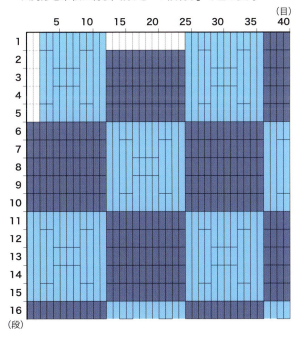

p.24
ICHIMATSU
市松

b

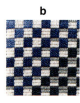

材料

絽刺し糸
- 紺 559
- 青 532
- 空色 528

錦糸
- ○ 白 2
- グレー 54

横8目、たて3段の四角形をひとつとし、青系の糸で図案のように「3段刺し」で埋めてから、空いた部分を白とグレーで「1段刺し」で刺し埋めます。

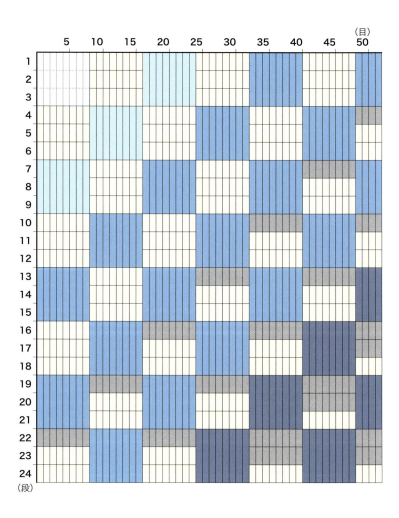

p.22

KIKKOU
亀甲

材料

絽刺し糸
- 空色 511
- ミント 577
- 濃紫 623
- 紫 653
- 薄紫 621
- 黄緑 480
- 黄色 302

錦糸
- 薄水色 45

「2段刺し」を4目横に並べ、①〜④の六角形の中心を刺し、それを囲むように⑤、⑥、⑦と六角形を増やすとよいでしょう。配色は写真を参考にして、バランスよく刺してみましょう。

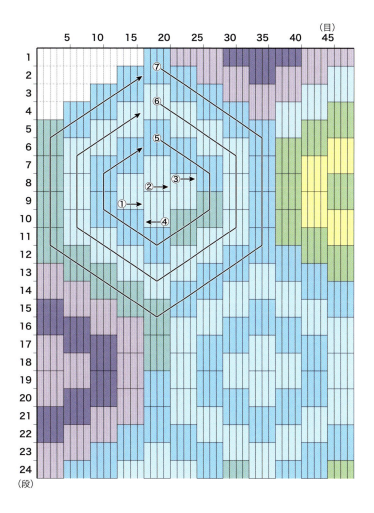

p.23
SHIPPOU
七宝

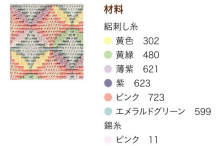

材料

絽刺し糸
- 黄色　302
- 黄緑　480
- 薄紫　621
- 紫　623
- ピンク　723
- エメラルドグリーン　599

錦糸
- ピンク　11
- 水色　45

図案のように目と段を数えながら、円形の連続模様を「1段刺し」で刺します。中心のひし形部分は「2段して1段戻り」(p.51)で埋め、残りは所定の段を1針で刺し埋めます。

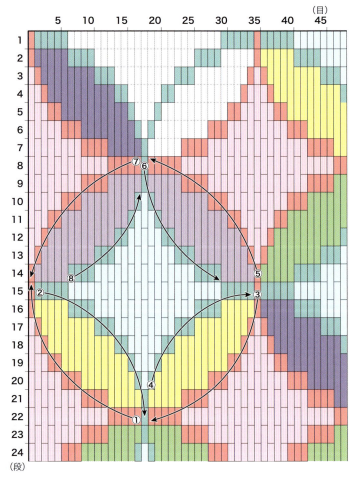

p.26
ASANOHA
麻の葉

材料

絽刺し糸
- 赤 711
- 青 514

麻の葉模様の中央の四角形の、横9目、たて3段を「3段刺し」で刺し埋めます。目を数えながら、図案のように模様のりんかく部分を刺します。色をかえて、残りを刺し埋めましょう。りんかく部分を刺す際は絽の裏に糸を渡してもかまいません。

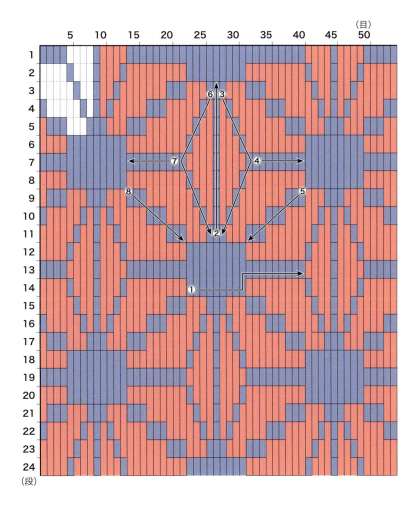

p.25
FUNDO-TSUNAGI
分銅つなぎ

材料

絽刺し糸
- ● 濃オレンジ　298
- ○ オレンジ　297
- ● 紫　639

目を数えながら模様のりんかく部分を先に刺し、残りを2色の糸を使い、「2段して1段戻り」(p.51)で刺し埋めます。

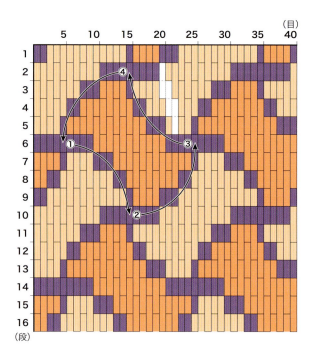

p.28
DAIYA
ダイヤ

a

材料

絽刺し糸
- ● 黒　99

錦糸
- ○ 白　2

「1段を1目、3段を2目、5段を2目、3段を2目、1段を1目」のひし形を端までくり返し刺します。色をかえ、模様を反転させて同様に刺します。これをくり返しましょう。

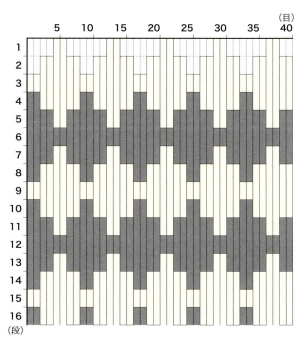

b

材料

絽刺し糸
● 黒 99

錦糸
○ 白 2

「2段を2回して1段戻り」を3回、戻り刺しを1回刺し、1山とします。この山形を図案のように繋げて連続模様にします。山形の凸凹をずらして同じ要領で刺し、ダイヤ形のりんかく部分ができたら、色をかえて残りを刺し埋めます。

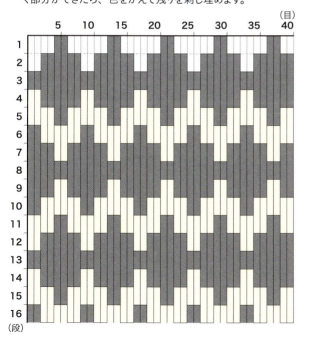

p.30
HIGAKI
檜垣

材料

絽刺し糸
● グレー 240
● 薄紫 601
● 紫 638
● 赤 749
● 黄色 359
● 濃グレー 933

錦糸
○ 白 2

「1段刺しを2目」を段ごとに2目ずつずらしながら、図案のように長方形の連続模様を刺します。色をかえながら、残りを刺し埋めます。

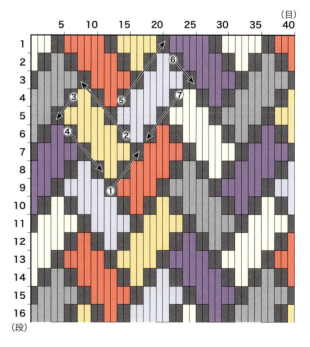

SEIGAIHA
青海波

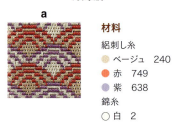

材料

絽刺し糸
- ベージュ 240
- 赤 749
- 紫 638

錦糸
- ○ 白 2

「1段刺し」で、目の数を数えながら図案のように波形の連続模様のりんかくを刺します。波の中心を「2段して1段戻り」(p.51) で、残りを各段1針で、図案のように刺し埋めましょう。

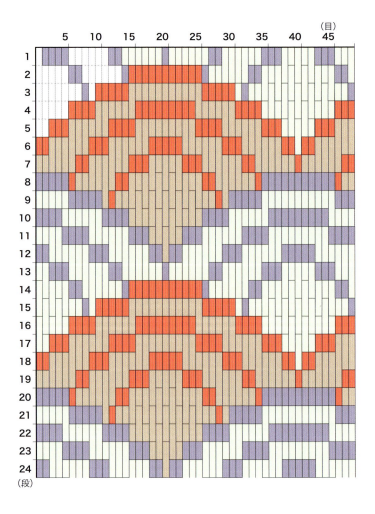

p.31

SEIGAIHA
青海波

材料
- 緑　417
- からし　476
- 黄色　359
- グレー　933

「1段刺し」で、目の数を数えながら図案のように波形の連続模様のりんかくを刺します。残りを各段1針で、図案のように、刺し埋めましょう。

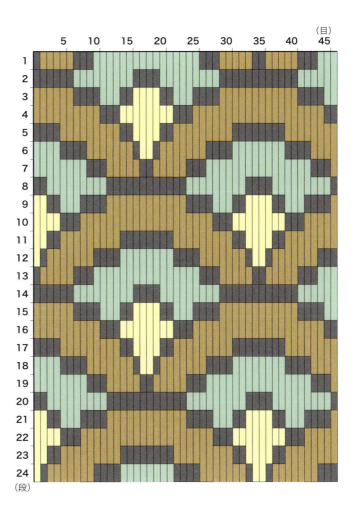

p.34

SAYA
紗綾

a

材料

絽刺し糸
- オレンジ 133
- 緑 423

ソフト古代一掛三ツ子より
- カーキ 7

「1段刺しを2目」を段ごとに2目ずつずらしながら、りんかくの部分を図案のように刺してから、2色の糸で残りを刺し埋めましょう。

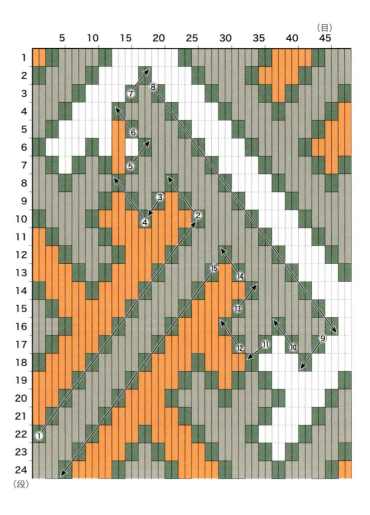

p.35
BISHAMON-KIKKOU
毘沙門亀甲

材料

絽刺し糸
● 赤茶　213
● ミント　599
● ピンク　152

「2段刺し」で4目横に並べ、①〜⑦の中心のY字部分を刺してから、それを囲むように⑧、⑨と模様を増やします。

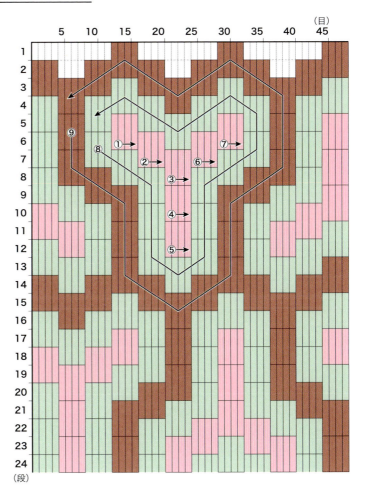

p.7
EARRING
夕月夜

材料

絽刺し糸　　　　　　　　絽　　10×10cm
● 黒　99　　　　　　　直径14mmコットンパール（丸）　2個
ソフト五色一掛三ツ子より　直径27mmカンつき七宝金具　2個
○ オパール白　　　　　　イヤリング金具　1組
　　　　　　　　　　　　30mm長さデザインピン　2本

用具
手縫い糸／ヤットコ／ペンチ／手芸用接着剤

刺しかた
指定の糸を使い、片耳分直径2.7cmの円を「縞a」(p.58)で刺す。

つくりかた
1
絽刺しを刺したら枠からはずし、絽刺しの周囲約1cmを残して余分な絽をカットする。周囲をぐし縫いし、くるみ板を絽にのせ、糸を引き絞る。手芸用接着剤で台座に貼りつける(p.78「七宝金具の仕立てかた」)。
2
コットンパールにデザインピンを通し、台座のカンにつなぐ。
3
台座の裏に手芸用接着剤でイヤリング金具をはりとめる。

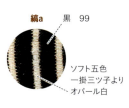

縞a　黒　99
ソフト五色一掛三ツ子より オパール白

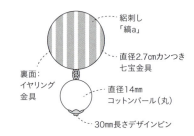

- 絽刺し「縞a」
- 裏面：イヤリング金具
- 直径2.7cmカンつき七宝金具
- 直径14mmコットンパール（丸）
- 30mm長さデザインピン

---

p.9
COLLAR
春霞

材料

絽刺し糸　　　　　　　　絽　25×25cm
○ 白　97　　　　　　　直径3mmパール（セントホワイト）
ソフト五色一掛三ツ子より　　適量
○ オパール白　　　　　　フエルト（白）　20×20cm
　　　　　　　　　　　　3mm幅ベルベットリボン（グレー）
　　　　　　　　　　　　　40cm×2本

用具
針／手縫い糸

刺しかた
指定の糸を使い、型紙のえりの形に合わせて「山路b」(p.59)で刺す。

山路b　白　97
ソフト五色一掛三ツ子より オパール白

つくりかた
1
絽刺しを刺したら枠からはずし、絽刺しの周囲約1cmを残して余分な絽をカットする。縫い代に切り込みを入れ、裏側に折る(p.57「仕上げ アップリケ」)。
2
フエルトをえり本体より2～3mm小さくなるように切る。
3
1の裏側にフエルトをのせ、手縫い糸で周囲をかがる。その際にリボンつけ位置にベルベットリボンを挟み、縫いつける。
4
えりの縁に、パールを約1cm間隔で縫いつける。

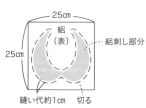

25cm / 25cm / 絽（表） / 絽刺し部分 / 縫い代約1cm / 切る

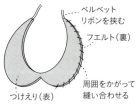

ベルベットリボンを挟む / フエルト（裏） / 周囲をかがって縫い合わせる / つけえり（表）

つけえり（表） / 約1cm / パール

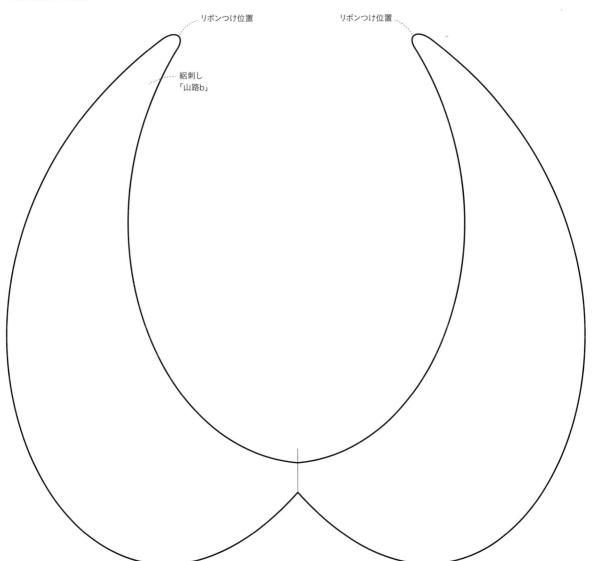

p.12

OBIDOME
曲水
きょくすい

材料　1個分

A
絽刺し糸
● 紫　627
錦糸
○ 白　2
ソフト五色一掛三ツ子より
● 2

B
絽刺し糸
● 水色　521
ソフト五色一掛三ツ子より
○ L4

C
錦糸
● 黄緑　15
ソフト色金一掛三ツ子より
● 錆　103

共通
絽　10×5cm
45×25mm帯留七宝金具　1個

用具
手縫い糸／手芸用接着剤

刺しかた
それぞれ指定の糸を使い、Aは帯留のくるみ板の形に合わせて「鱗b」(p.60)を刺す。Bは「鱗a」(p.60)、Cは「鱗c」(p.61)で刺す。

つくりかた

1
絽刺しを刺したら枠からはずし、絽刺しの周囲約1cmを残して余分な絽をカットする。周囲をぐし縫いし、くるみ板を絽にのせ、糸を引き絞る。手芸用接着剤で台座にはりつける(p.78「七宝金具の仕立てかた」)。

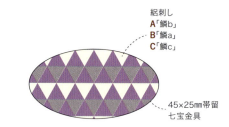

絽刺し
A「鱗b」
B「鱗a」
C「鱗c」

45×25mm帯留
七宝金具

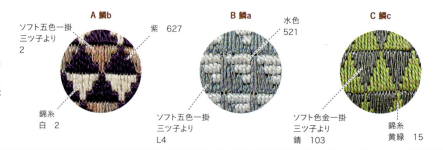

A 鱗b
ソフト五色一掛三ツ子より　2
紫　627
錦糸　白　2

B 鱗a
水色　521
ソフト五色一掛三ツ子より　L4

C 鱗c
ソフト色金一掛三ツ子より　錆　103
錦糸　黄緑　15

七宝金具の仕立てかた

p.76　EARRING「夕月夜」
p.78　OBIDOME「曲水」
p.79　BROOCH「歌あわせ」
p.82　MIRROR「胡蝶」
p.85　EARRING「舞姫」
p.87　PIN BROOCH「若菜摘み」
p.91　PETITE CASE「瑠璃、玻璃、瑪瑙」
は同じ要領で仕立てます。

1
絽刺しを刺したら枠からはずし、絽刺しの周囲約1cmを残して余分な絽をカットする。

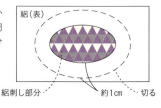

絽(表)
絽刺し部分
約1cm
切る

p.15

BROOCH
歌あわせ(うたあわせ)

材料 1個分

A
絽刺し糸
- オレンジ 307
- 黄色 476

直径37mmブローチ七宝金具 1個

B
絽刺し糸
- 緑 423

ソフト五色一掛三ツ子より
- オパールブルー

55×40mmブローチ七宝金具 1個

C
絽刺し糸
- 薄グレー 923
- 濃グレー 932

錦糸
- グレー 54

直径52mmブローチ七宝金具 1個

共通
絽 10×10cm

用具
手縫い糸／手芸用接着剤

刺しかた
それぞれ指定の糸を使い、Aはブローチのくるみ板の形に合わせて「鱗c」(p.61)を刺す。Bは「流れ」(p.62)、Cは「七宝」(p.68)で刺す。

つくりかた

1
絽刺しを刺したら枠からはずし、絽刺しの周囲約1cmを残して余分な絽をカットする。周囲をぐし縫いし、くるみ板を絽にのせ、糸を引き絞る。手芸用接着剤で台座にはりつける(p.78「七宝金具の仕立てかた」)。

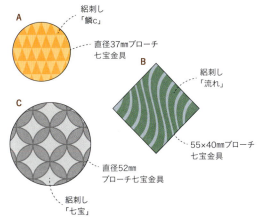

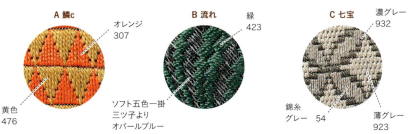

2
周囲の縫い代を手縫い糸でぐるりとぐし縫いし、くるみ板を絽にのせ、糸を引き絞る。

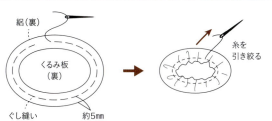

3
手芸用接着剤で台座にはりつける。

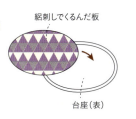

p.17
HAT RIBBON
遠つ人(とおひと)

材料
絽刺し糸　　　　　絽　65×10cm
● 黒　99　　　　50mm幅グログランリボン（黒）　65cm
● 緑　423　　　＊絽とリボンの長さは帽子の周囲の寸
　　　　　　　　　法に合わせて用意する

用具
はさみ／両面テープまたは手芸用接着剤／針／手縫い糸

刺しかた
指定の糸を使い、たて5cm、横幅は帽子の周囲の寸法に合わせて「松皮菱」(p.63)を刺す。枠は寸法に合わせて、ボール紙などで手づくりするか(p.46)、絽をテープやクリップで枠にとめて少しずつずらしながら刺す。

つくりかた
1
絽刺しを刺したら枠からはずし、絽刺しの周囲約1cmを残して余分な絽をカットする。縫い代を裏側に折り込んでアイロンでおさえる。

2
グログランリボン（裏）の端に両面テープまたは手芸用接着剤を薄くつけ、1と外表にはり合わせる。

3
手縫い糸を使い、周囲をかがって縫い合わせる。

4
3を帽子に巻き、端を折り込んでから両端を縫い合わせる。

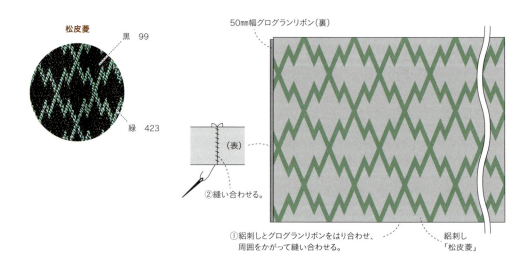

松皮菱
黒　99
緑　423

50mm幅グログランリボン（裏）
（表）
②縫い合わせる。
①絽刺しとグログランリボンをはり合わせ、周囲をかがって縫い合わせる。
絽刺し「松皮菱」

p.19

CHARM
貝あわせ

材料 1個分

A
絽刺し糸
● 紫 653
錦糸
○ 白 2
3mm幅サテンリボン（紫） 15cm

B
絽刺し糸
● 赤 135
錦糸
○ 白 2
3mm幅サテンリボン（赤） 15cm

C
錦糸
● 青緑 46
○ 白 2
3mm幅サテンリボン（エメラルドグリーン） 15cm

共通
絽 10×10cm
ちりめん布（好みの色） 5×5cm
約3.5×3cmの貝殻 1組

用具
はさみ／針／手縫い糸／手芸用接着剤

刺しかた
それぞれ指定の糸を使い、Aは貝の形より周囲5mmほど大きく「鹿の子a」(p.63)を刺す。Bは「立涌」(p.65)、Cは「鹿の子b」(p.64)で刺す。

A 鹿の子a
紫 653
錦糸 白 2

B 立涌
赤 135
錦糸 白 2

C 鹿の子b
錦糸 青緑 46
錦糸 白 2

つくりかた

1
絽刺しを刺したら枠からはずし、絽刺しの周囲約1cmを残して余分な絽をカットする。周囲をぐし縫いし、貝殻の片面を裏にした絽布にのせ、糸を引き絞って覆う。

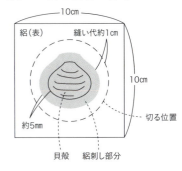

絽（表）／縫い代約1cm／10cm／10cm／切る位置／約5mm／貝殻／絽刺し部分

2
残りの貝殻をちりめん布にのせ、1と同じ要領で布で覆う。

3
2枚の貝殻の縁に手芸用接着剤をつけたら、サテンリボンを二つ折りにし、上部に挟みながら、貝殻をはり合わせる。

3mm幅サテンリボン
ちりめん布
絽刺し
A「鹿の子a」
B「立涌」
C「鹿の子b」
貝殻

サテンリボンを上部に挟みながら、2枚の貝殻をはり合わせる。

p.21
MIRROR
胡蝶(こちょう)

材料
絽刺し糸
- ピンク　621
- 薄水色　521
- 紫　624
- 濃ピンク　756

錦糸
- ○ 白　2

ソフト金一掛三ツ子より
- T5

絽　10×10cm
直径70mmコンパクトミラー七宝金具　1個

用具
はさみ／針／手縫い糸／手芸用接着剤

刺しかた
それぞれ指定の糸を使い、図案の各部分を指定の刺しかたで埋める。

つくりかた
1
絽刺しを刺したら枠からはずし、絽刺しの周囲約1cmを残して余分な絽をカットする。周囲をぐし縫いし、くるみ板を絽にのせ、糸を引き絞る。手芸用接着剤で台座にはりつける(p.78「七宝金具の仕立てかた」)。

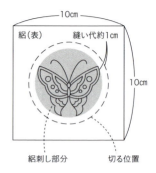

絽(表)　縫い代約1cm　10cm　10cm　絽刺し部分　切る位置

---

p.21
COMB CASE
みづら

材料　1個分
絽刺し糸
- 水色　521
- 薄ピンク　621
- ローズ　576
- 紫　624
- エメラルドグリーン　599
- ピンク　724

絽　15×15cm
薄手の布(白)　15×15cm
薄手の厚紙　20×10cm

用具
はさみ／手芸用接着剤／針／手縫い糸

刺しかた
指定の糸を使い、型紙より周囲5mmほど大きく「立涌」(p.65)を刺す。

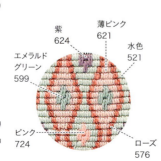

紫 624／薄ピンク 621／エメラルドグリーン 599／水色 521／ピンク 724／ローズ 576

つくりかた
1
型紙の大きさに切った厚紙を2枚用意する。絽刺しを刺したら枠からはずし、絽刺しの周囲約5mmを残して余分な絽をカットする。縫い代に切り込みを入れたら、厚紙の形に沿って、縫い代を裏側に折り込み、手芸用接着剤ではりつける。

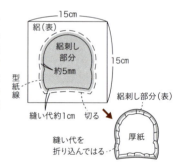

15cm　絽(表)　絽刺し部分約5mm　15cm　型紙線　絽刺し部分(表)　縫い代約1cm　切る　縫い代を折り込んではる　厚紙

2
もう1枚の厚紙も、1の要領で薄手の布でくるむ。

3
1と2を外表にして、手芸用接着剤で貼り合わせたら、絽刺し部分を外側にし、型紙の折る位置で谷折りにする。折った両脇を手縫い糸を使い、まつり縫いで縫い合わせる。

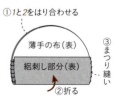

①1と2をはり合わせる　薄手の布(表)　絽刺し部分(表)　②折る　③まつり縫い

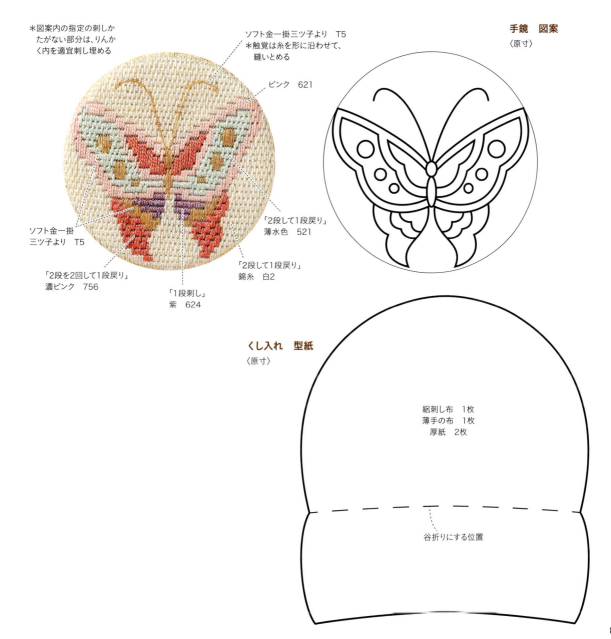

p.27
SACHET
聞香(もんこう)

材料　1個分

A
錦糸
● 薄ピンク　76
錦糸
○ 白　2
3mm幅サテンリボン(薄ピンク)　12cm

B
錦糸
○ 白　2
ソフト五色一掛三ツ子より
● オーロラ　1
3mm幅サテンリボン(オーロラ)　12cm

C
絽刺し糸
● ミント　59
錦糸
○ 白　2
3mm幅サテンリボン(ミント)　12cm

共通
絽　10×10cm　2枚
ポプリなど香りのするもの　適量
＊ポプリは薄い布などで包んでおくとよい

用具
はさみ／針／手縫い糸／両面テープまたは手芸用接着剤

刺しかた
Aは錦糸(薄ピンク　76)、錦糸(白　2)を使い、横5.5×たて7cmの長方形を上2段分1段刺しで刺し埋め、残りを「山路a」(p.59)模様で刺す。同じものをもう1枚刺す。それぞれ指定の糸を使い、Bは「麻の葉」(p.69)、Cは「網代」(p.61)刺す。

A 山路a　錦糸 薄ピンク 76 / 錦糸 白 2
B 麻の葉　ソフト五色一掛三ツ子より オーロラ 1 / 錦糸 白 2
C 網代　ミント 59 / 錦糸 白 2

つくりかた
1
絽刺しを2枚刺したら枠からはずし、絽刺しの周囲約1cmを残して余分な絽をカットする。縫い代を裏側に折り込み、両面テープまたは手芸用接着剤ではりとめる。もう1枚も同様にする。
2
2枚の絽刺し布を外表に合わせ、間にポプリを挟んだら、上辺を残して3辺をかがって縫い合わせる。
3
サテンリボンを二つ折りにし、上辺に挟んで上辺を縫い合わせる。

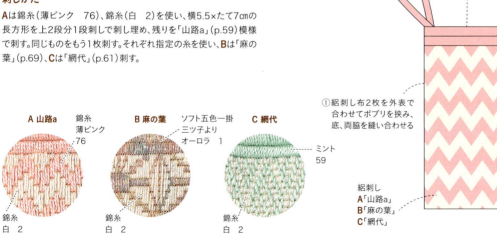

3mm幅サテンリボン

②上辺にサテンリボンを挟んだら、絽刺し布を縫い合わせる

「2段刺し」

①絽刺し布2枚を外表に合わせてポプリを挟み、底、両脇を縫い合わせる

絽刺し
A「山路a」
B「麻の葉」
C「網代」

EARRING
舞姫(まいひめ)

p.29

材料 1個分

A
絽刺し糸
- 薄茶 296
ソフト金一掛三ツ子より
- T5

長さ80mmタッセル(薄茶) 1個
丸カン・大(金) 1個

B
絽刺し糸
- 濃ピンク 749
- 赤 140

長さ70mmフェザー(紫) 1枚
長さ48mmフェザー(ピンク) 1枚

共通
絽 10×10cm
直径27mmカンつき七宝金具 1個
イヤリング金具 1個
丸カン・小(金) 1個

用具
はさみ／針／手縫い糸／ヤットコ／ペンチ／手芸用接着剤

刺しかた
それぞれ指定の糸を使い、Aは直径2.7cmの円を「ダイヤa」(p.70)で、Bは「ダイヤb」(p.71)で刺す。

つくりかた

1
絽刺しを刺したら枠からはずし、絽刺しの周囲約1cmを残して余分な絽をカットする。周囲をぐし縫いし、くるみ板を絽にのせ、糸を引き絞る。手芸用接着剤で台座にはりつける(p.78「七宝金具の仕立てかた」)。

2
Aはタッセルの上部に丸カン・大を通し、丸カン・小で台座のカンにつなぐ。Bは丸カン・小でフェザー2枚を台座のカンにつなぐ。

3
台座の裏に手芸用接着剤でイヤリング金具をはりとめる。

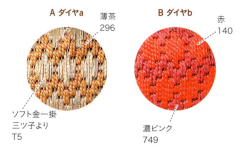

A ダイヤa 薄茶 296
ソフト金一掛三ツ子より T5

B ダイヤb 赤 140
濃ピンク 749

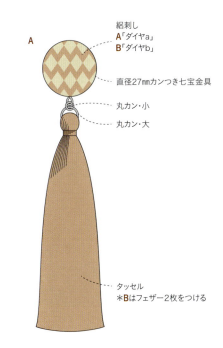

A
絽刺し
A「ダイヤa」
B「ダイヤb」

直径27mmカンつき七宝金具
丸カン・小
丸カン・大

タッセル
＊Bはフェザー2枚をつける

p.32
STOLE
早乙女(さおとめ)

材料

絽刺し糸
○ 白　97
● 赤　135
● 濃赤　158
● 緑　423
ソフト五色一掛三ツ子より
○ オパール白
● オパールブルー
ソフト色金一掛三ツ子より
● P10
ソフト金一掛三ツ子より
T5
にしきいと
● 伽羅　16
絽　15×15cm
ストール（好みの色）　1枚

用具

はさみ／まち針／針／手縫い糸

刺しかた

絽に図案(p.88)を写したら、指定の糸を使い、図案の各部分を指定の刺し方で埋める。
＊図案内の指定の刺しかたがない部分は、りんかく内を適宜刺し埋める

つくりかた

1
絽刺しを刺したら枠からはずし、絽刺しの周囲約1cmを残して余分な絽をカットする。縫い代に切り込みを入れ、裏側に折り込む。ストールの縫いつけ位置を決めたらまち針でとめ、裏からストールに縫いつける。表にし、絽刺しの縁とストールを、手縫い糸を使いまつり縫いで縫い合わせる(p.57)。

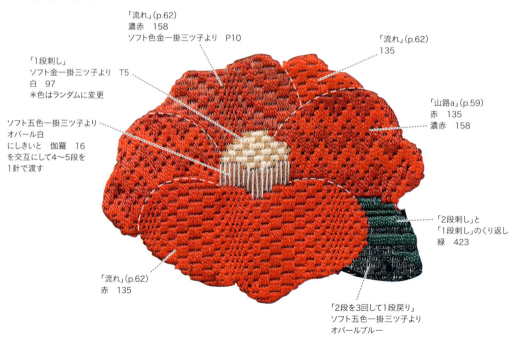

「流れ」(p.62)
濃赤　158
ソフト色金一掛三ツ子より　P10

「流れ」(p.62)
135

「1段刺し」
ソフト金一掛三ツ子より　T5
白　97
＊色はランダムに変更

「山路a」(p.59)
赤　135
濃赤　158

ソフト五色一掛三ツ子より
オパール白
にしきいと　伽羅　16
を交互にして4〜5段を
1針で渡す

「2段刺し」と
「1段刺し」のくり返し
緑　423

「流れ」(p.62)
赤　135

「2段を3回して1段戻り」
ソフト五色一掛三ツ子より
オパールブルー

p.33

PIN BROOCH
若菜摘み(わかなつみ)

材料　1個分

A
絽刺し糸
- 薄紫　621
- 紫　609
- 紫　623
- 緑　483

ソフト金一掛三ツ子より
- T5

正絹刺しゅう糸
- 紫　552

B
絽刺し糸
- 緑　483
- 水色　59

錦糸
- 薄水色　44

正絹刺しゅう糸
- 白

C
絽刺し糸
- 緑　418
- 濃緑　423

錦糸
- 黄緑　27

ソフト色金一掛三ツ子より
- 緑　G8

D
絽刺し糸
- 赤　140
- 濃赤　158
- 緑　484
- 紺　516

錦糸
- ベージュ　34

E
絽刺し糸
- 薄ピンク　13
- ピンク　152
- 緑　483

共通
絽　10×10cm
直径27mmブローチ七宝金具　1個

用具
はさみ／針／手縫い糸／手芸用接着剤

刺しかた
絽に図案(p.88)を写したら、それぞれ指定の糸を使い、図案の各部分を指定の刺し方で埋める。
＊図案内の指定の刺しかたがない部分は、りんかく内を適宜刺し埋める。ただし、A、B、D、Eの指定のない花びらは、りんかくに沿って段の上から下までを1針で渡す。Cはp.88の図案を参照する。

つくりかた
1
絽刺しを刺したら枠からはずし、絽刺しの周囲約1cmを残して余分な絽をカットする。周囲をぐし縫いし、くるみ板を絽にのせ、糸を引き絞る。手芸用接着剤で台座にはりつける(p.78「七宝金具の仕立てかた」)。

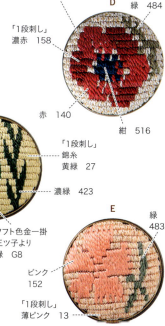

A
- 紫　623
- 正絹刺しゅう糸　紫　552
- 「1段刺し」薄紫　621
- ソフト金一掛三ツ子より　T5
- 「2段して1段戻り」紫　609
- 緑　483

B
- 緑　483
- 「1段刺し」錦糸　薄水色　44
- 正絹刺しゅう糸　白
- 水色　59

C
- 緑　418
- 「1段刺し」錦糸　黄緑　27
- 濃緑　423
- ソフト色金一掛三ツ子より　緑　G8

D
- 「1段刺し」錦糸　ベージュ　34
- ※花芯のまわりもランダムにベージュを刺す
- 緑　484
- 「1段刺し」濃赤　158
- 赤　140
- 紺　516

E
- 緑　483
- ピンク　152
- 「1段刺し」薄ピンク　13

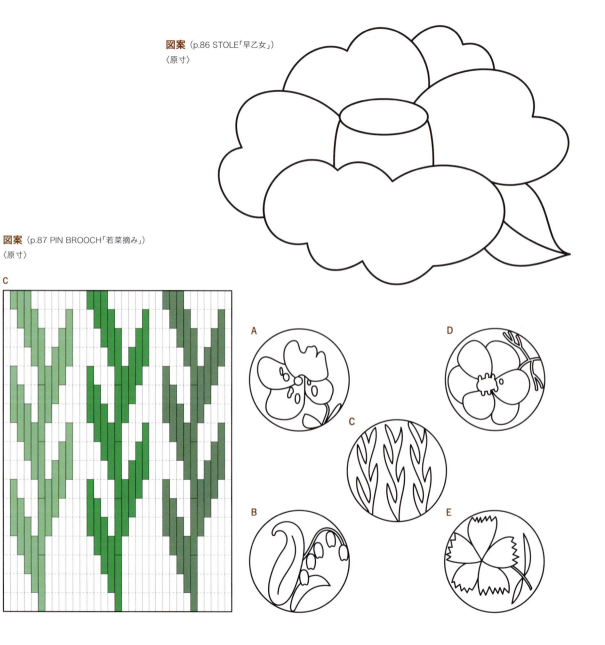

図案（p.86 STOLE「早乙女」）
〈原寸〉

図案（p.87 PIN BROOCH「若菜摘み」）
〈原寸〉

p.38

BOX
花喰鳥(はなくいどり)

材料

絽刺し糸
- ○ 白　97
- 朱　150
- 赤　135
- 薄水色　511
- 水色　557
- 紺　593
- 濃青　541
- ブルーグレー　520

錦糸
- 生成り　34

ソフト五色一掛三ツ子より
- 青　12

絽　15×15cm
桐箱(横11×たて11×高さ7cm)　1個
厚紙　10×10cm
和紙　10×10cm

用具
はさみ／手芸用接着剤

刺しかた
絽に図案(p.90)を写したら、それぞれ指定の糸を使い、図案の各部分を指定の刺し方で埋める。

つくりかた

1

絽刺しを刺したら枠をはずし、絽刺し布を裏打ちする(p.56)。絽刺しの周囲約1cmを残して余分な絽をカットしたら、縫い代の角もカットし、裏側に折り込む。作品のサイズに厚紙を切り、縫い代の内側に入れたら、上から和紙をはり合わせる。桐箱のふたに手芸用接着剤で作品をはり合わせる。

「2段刺し」濃青　541
「2段して1段戻り」朱　150
「鹿の子c」(p.64) 赤　135
「1段刺し」錦糸　生成り34
「1段刺し」紺　593
「2段して1段戻り」水色　557
「2段を2回して1段戻り」薄水色　511
「2段刺し」水色　557
「2段刺し」赤　135
「2段して1段戻り」ソフト五色一掛三ツ子より　青　12
「2段して1段戻り」薄水色　511
「2段刺し」ブルーグレー　520
「1段刺し」水色　557
ソフト五色一掛三ツ子より　青　12
白　97
「2段を2回して1段戻り」紺　593
「2段刺し」ブルーグレー　520

図案〈p.89 BOX「花喰鳥」〉
〈原寸〉

p.36

Have a fun!
いろいろな糸で
刺してみましょう

ブローチにする場合は
79ページを参照してください。

にしきいと

にしきいと(コスモ)
伽羅 16

にしきいと(コスモ)
真珠 22

手縫いステッチ糸

手縫いステッチ糸 Sara
(フジックス) 緑 48

手縫いステッチ糸 Sara
(フジックス) 黄緑 49

刺し子糸

刺し子糸(ダルマ)
紺 111

刺し子糸(ダルマ)
水色 19

8番刺繍糸

8番刺繍糸(DMC)
あずき 814

8番刺繍糸(DMC)
ピンク 316

p.39
PETITE CASE
瑠璃、玻璃、瑪瑙

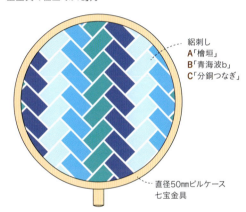

材料　1個分
A

絽刺し糸
- 水色　577
- 濃水色　557
- 紺　593

ソフト五色一掛三ツ子より
- オパール白
- ひかり青　12

B

絽刺し糸
- 水色　511
- 濃水色　557
- 紺　593
- 赤　135

C

絽刺し糸
- 濃水色　557
- 水色　511

ソフト金一掛三ツ子より
- T5

共通

絽　10×10cm
直径50mmピルケース七宝金具　1個

用具
はさみ／針／手縫い糸／手芸用接着剤

刺しかた
それぞれ指定の糸を使い、**A**はピルケースのくるみ板より周囲5mmほど大きく、「檜垣」(p.71)で刺す。**B**は「青海波b」(p.73)、**C**は「分銅つなぎ」(p.70)で刺す。

つくりかた
1

絽刺しを刺したら、枠からはずし、絽刺しの周囲約1cmを残して余分な絽をカットする。周囲をぐし縫いし、くるみ板を絽にのせ、糸を引き絞る。手芸用接着剤で台座にはりつける(p.78「七宝金具の仕立てかた」)。

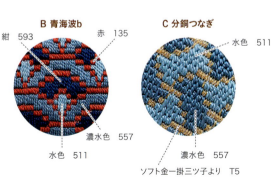

絽刺し
A「檜垣」
B「青海波b」
C「分銅つなぎ」

直径50mmピルケース七宝金具

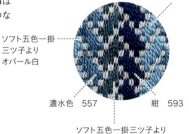

A 檜垣
- 水色　577
- 紺　593
- ソフト五色一掛三ツ子よりオパール白
- 濃水色　557
- ソフト五色一掛三ツ子よりひかり青　12

B 青海波b
- 赤　135
- 紺　593
- 濃水色　557
- 水色　511

C 分銅つなぎ
- 水色　511
- 濃水色　557
- ソフト金一掛三ツ子より　T5

p.40

GAMAGUCHI
金平糖(こんぺいとう)

材料　1個分

A
絽刺し糸
● 緑　483
錦糸
○ ベージュ　26
合皮(ベージュ)　30×30cm
タッセル(ベージュ×緑)　1個

B
絽刺し糸
● 赤　158
● ピンク　773
合皮(赤)　30×30cm
タッセル(赤×緑)　1個

共通
絽　15×15cm
幅105mmがま口口金(金)　1個

用具

はさみ／針／手縫い糸／手芸用接着剤／紙ひも／目打ち／ペンチ
※紙ひもは口金の長さよりやや短めに切る。これを2本用意する

刺しかた

絽に図案(p.95)を写したら、それぞれ指定の糸を使い、図案の模様のりんかく内を乱刺し(p.48)で、残りを「2段して1段戻り」で刺し埋める。

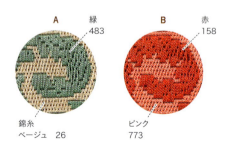

A　緑 483　錦糸 ベージュ 26

B　赤 158　ピンク 773

※ひろう段数をランダムにする乱刺しで、模様に動きを出す

つくりかた

1
絽刺しを刺したら枠からはずし、絽刺しの周囲約1cmを残して余分な絽をカットする。合皮も同じ形に3枚カットする。絽刺し布と合皮1枚を中表に合わせて、縫いどまりまで両脇と底を縫い合わせて本体にする。残りの合皮2枚も同様に縫い、中袋にする。

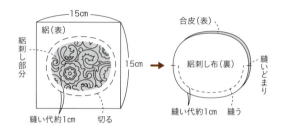

2
1の本体を表に返し、中袋を中に入れて外表に重ねたら、袋の入れ口を縫う。両端はほつれないよう0.5mmほどまつり縫いする。入れ口の縫い代は5mm残してカットする。

3
口金を開き、口金の内側に手芸用接着剤を塗り、中心を合わせて袋の入れ口を口金の内側に差し入れる。紙ひもを口金の中に目打ちで押し込み、乾いたら、口金の端4か所をペンチでつぶして固定する。タッセルをつける。

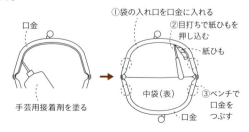

BOOK COVER
p.41

草の袂(くさのたもと)

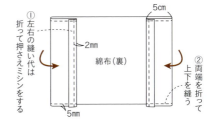

材料

絽刺し糸　　　　　　絽　30×25cm
- 緑　417　　　綿布(赤茶)　40×20cm
- 深緑　359　　3mm幅サテンリボン(赤茶)　30cm
- 黄色　486

＊このブックカバーが収まる文庫本の厚さは2cm程度です。本の厚さに合わせて、横の寸法は調整するとよい

用具

はさみ／針／手縫い糸／ミシン

刺しかた

指定の糸を使い、横23cm×たて16cmの長方形を「七宝」(p.68)で刺し埋める。

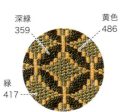

深緑 359
黄色 486
緑 417

つくりかた

1
絽刺しを刺したら枠からはずし、絽刺しの周囲約1cmを残して余分な絽をカットする。長辺の左右中心の縫い代に、3mm幅サテンリボンを仮どめする。

2
綿布を製図の寸法で裁ち、左右端の縫い代を折って端から2mmの位置で押さえミシンをする。左右を5cm分折り返して、上下を端から5mmの位置で縫い、できたポケット部分を表に返す。

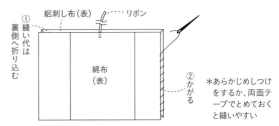

3
1と2の縫い代を裏側に折り込みアイロンでおさえたら、外表に合わせ、4辺を手縫い糸でかがって縫い合わせる。

＊あらかじめしつけをするか、両面テープでとめておくと縫いやすい

製図

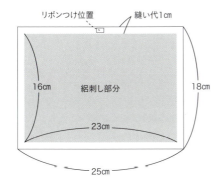

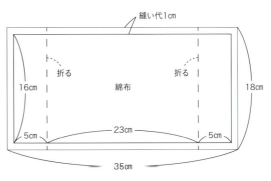

p.42
FLAME
花鹿(はなしか)

材料

絽刺し糸
- ピンク 707
- 緑 483
- 濃緑 415

錦糸
- 黄緑 21
- 黄色 31
- 緑 60

ソフト色金一掛三ツ子より
- ピンク P1

にしきいと
- 蜂蜜 20

絽 15×15cm
厚紙 10×10cm
和紙 10×10cm
額 1個

用具
はさみ／手芸用接着剤

刺しかた
絽に図案(p.95)を写したら、それぞれ指定の糸を使い、図案の各部分を指定の刺し方で埋める。
＊図案内の指定の刺しかたがない部分は、りんかく内を適宜刺し埋める

つくりかた
1
絽刺しを刺したら枠をはずし、絽刺し布を裏打ちする(p.56)。絽刺しの周囲約1cmを残して余分な絽をカットしたら、縫い代の角もカットし、裏側に折り込む。作品のサイズに厚紙を切り、縫い代の内側に入れたら、上から和紙をはり合わせる。好みの額などに入れる。

ソフト色金一掛三ツ子より ピンク P1
錦糸 緑 60 緑 483
「1段刺し」 ソフト色金一掛三ツ子より ピンク P1
錦糸 黄色 31
にしきいと 蜂蜜 20
「1段刺し」 錦糸 黄緑 21
「2段して1段戻り」 錦糸 緑 60
「2段を2回して1段戻り」 ピンク 707
「1段刺し」 緑 483
濃緑 415